INTRODUCING BARTHES : A GRAPHIC GUIDE (4TH EDITION) By
AUTHOR BY PHILIP THODY AND ILLUSTRATOR PIERO
Text copyright © 2013 Icon Books Ltd, Illustrations copyright © 2005 Piero

This edition arranged with Icon Books Ltd & The Marsh Agency Ltd.
Through BIG APPLE AGENCY, INC., LABUAN, MALAYSIA
Simplified Chinese edition copyright:
2024 SDX JOINT PUBLISHING CO. LTD
All rights reserved.

图画通识丛书
A Graphic Guide

罗 兰 · 巴 特

Introducing Barthes

［英］菲利普·索蒂（Philip Thody）/ 文

［英］皮耶罗（Piero）/ 图

巩可欣 / 译

Simplified Chinese Copyright © 2024 by SDX Joint Publishing Company.
All Rights Reserved.
本作品简体中文版权由生活・读书・新知三联书店所有。
未经许可，不得翻印。

图书在版编目（CIP）数据

罗兰·巴特 /（英）菲利普·索蒂 (Philip Thody) 文 ;（英）皮耶罗 (Piero) 图 ; 巩可欣译. -- 北京 : 生活·读书·新知三联书店, 2024.10. (2025.5 重印)
(图画通识丛书). -- ISBN 978-7-108-07887-2

Ⅰ. K835.655.6

中国国家版本馆 CIP 数据核字第 2024P29K38 号

责任编辑	张亚囡
装帧设计	张　红　康　健
责任校对	张　睿
责任印制	卢　岳
出版发行	生活・讀書・新知 三联书店
	（北京市东城区美术馆东街 22 号 100010）
网　　址	www.sdxjpc.com
图　　字	01-2022-5463
经　　销	新华书店
印　　刷	河北松源印刷有限公司
版　　次	2024 年 10 月北京第 1 版
	2025 年 5 月北京第 2 次印刷
开　　本	787 毫米 × 1092 毫米　1/32　印张 5.75
字　　数	50 千字　图 169 幅
印　　数	4,001－7,000 册
定　　价	39.00 元

（印装查询：01064002715；邮购查询：01084010542）

目 录

- 001 "我要提出一个问题……"
- 002 神话修辞术
- 004 "这是自然的"
- 006 自由式摔跤
- 008 表演
- 010 结构主义语言学导读
- 012 词语是怎样意义化的?
- 014 自然还是结构?
- 016 表演的成规
- 018 意义与差异
- 022 眼见为实?
- 024 认识到不同
- 028 艺术与真实
- 030 麦克白家族之谜
- 032 符号学原理
- 034 像似的、有理据的与任意的符号
- 038 沉浸在语言中的世界
- 040 禁忌
- 042 犹太律法
- 043 超越索绪尔:后结构主义
- 044 巴特与德里达
- 046 再自然不过了
- 048 阅读原理
- 049 系统与言语
- 052 时尚的符号学
- 054 编码与习俗
- 055 服装的禁忌
- 057 (无)意识的(自我)形象
- 058 日常生活符号学
- 060 萨特的"自欺"观
- 062 在语境中认识巴特

- 064 巴特与布莱希特
- 066 布莱希特的"间离效果"
- 068 反对明晰性
- 072 反对现实主义
- 074 存在自然的风格吗?
- 076 一场激烈争端的起源
- 077 索邦大学与它的竞争对手
- 078 拉辛一事
- 080 认识拉辛
- 084 图腾与禁忌
- 088 戈德曼的拉辛批评
- 090 詹森派的动机
- 093 莫隆的弗洛伊德式观点
- 094 詹森派的孤儿
- 095 爱、恨与反抗
- 096 一种偏执的模式
- 100 葛兰西的霸权理论
- 102 "我并不是一个文学批评家……"
- 103 作者之死
- 104 作家生平的无关性
- 106 反圣伯夫
- 107 《S/Z》,1970
- 108 三种看待小说的观点
- 110 模仿的幻象
- 114 萨拉辛的故事
- 124 萨德,傅立叶,罗耀拉
- 128 立言者
- 129 萨德,萨德主义
- 133 捕捉神性的符号
- 137 创建"和谐社会"
- 138 社会人中的人才
- 139 和谐社会中的吃饭时间
- 140 性
- 141 文学的新方案
- 143 巴特,刺猬
- 145 局外人还是局内人?
- 147 语言与文学
- 149 巴特访问日本
- 151 日本诗歌、食物与性
- 153 不及物的写作
- 154 童年快照
- 155 论摄影
- 157 渴望与爱
- 159 反主流意识形态
- 161 金钱的重要性

163 解释的传统
165 感官生产
167 巴特之死
169 拓展阅读

171 告研习巴特的学生书
174 致谢
175 索引

"我要提出一个问题……"

1975年,罗兰·巴特(Roland Barthes)62岁时,他提出了这样一个问题……

大家不是都觉得,在法国成为一个信奉天主教的、结了婚的和高知识水平的人,是很**自然**的事情吗?

但显然,对巴特本人来说,这个衡量标准是讽刺而带有偏见的。因为他是新教徒、同性恋,且从未攻读过一个博士学位。

但更重要的是,这个问题点明了贯穿于巴特全部作品的两个要点:第一,**自然**与**文化**之间区分的必要性;第二,对**准确使用词语**的关注。

神话修辞术

对于巴特来说，现代社会最大的误区之一，是它将自己的制度与学术习惯的优越性，归因于其与通常所说的"事物的本性"的一致。

第二个误区，是它将语言视为自然的现象，而不是一系列习用的符号。正如巴特在他最著名的书**《神话修辞术》**（1957）中陈述其目的时所说的那样，他想做的，是去"破坏'符号是自然的'这一观念"。

在成为一个结了婚的、信奉天主教且有许多大学学位的，或者还可能有许多子女的人这件事情上，没有什么是**自然的**。这仅仅是一个偶然的事件，是一种我们与自己出生、成长的社会保持一致的方式。

"这是自然的"

还存在一个习惯性的误区,即我们经常用"自然的"去意指某物在社会上的合适,或在道德上的合意,或在审美上的合情。又或者,我们往往是同时指向这三个方面。法国的广播电台——欧洲第一电台向汽车司机们分发了一种可以贴在他们车后面的贴纸,贴纸上写着广告标语:"欧洲第一电台,您自然的选择。"

选择收听一个广播电台而不是另一个,这就不再是自然的了。正如选择吃土豆而不是意大利面、说德语而不是印地语,或者比起去影院更爱去剧院,这都不再是自然的了。

如果我们生活在一个像中产阶级法国这样的社会之中,那么我们在教堂中结婚、努力学习去通过考试,生活可能就会更容易。但这中间没有什么是自然的。

自由式摔跤

《神话修辞术》里的许多文章最初都是在报刊上发表的,它们大多登在由**阿尔贝·加缪**(1913—1960)担任主编的战时抵抗运动的出版物——《战斗》(*Combat*)上。就一篇报刊文章来说,或许《自由式摔跤的世界》的篇幅有些过长了。但它的确通过谈论一个**大众的**、非智力的活动,展现了巴特写作的风格。

在20世纪50年代,比起读小说或去剧院,可能许多人更倾向去观看自由式摔跤比赛。

同时,巴特的文章也细致地介绍了他对小说读者或戏迷之所思所想的思考。

巴特指出，最初，在自由式摔跤与像拳击或网球这样真正的运动之间，存在着一个根本的差异。

在拳击运动中，双方选手是真的在打彼此，且都想赢得胜利。

可能有时某个拳击手会决定输掉比赛，但这种情况相当罕见，并且这也不是这项运动的核心部分。

相对来说，在商业化运营的自由式摔跤中，情况则截然相反。这并不是一场真正的打斗，我们也很清楚其原因所在。

在外面，职业拳击手每三个月才打一场比赛，而自由式摔跤手一周则要表演好几场。他们并不掩饰这一事实，且观众想要追随他们相当容易，因为他们不停地从一个城镇到另一个城镇去表演……

表演

"表演"一词是描述其行动的唯一方式。

如果他们**真的**在做他们**假装**去做的事的话,那么他们就会让彼此受伤,如此便不可能再夜复一夜地在不同城镇里表演了。

不仅如此,巴特论点的核心部分,即他认为,**观众们本身也知道一切都是假象。**

无人被愚弄,正如奥赛罗因伊拉古而陷入嫉妒的折磨时,有一位天真的维多利亚夫人一跃而起,怒吼道:

你这个又黑又肥的大蠢人,你没长眼睛吗?

……但除她之外,无人被愚弄。

正因如此，巴特才主张，自由式摔跤观众的姿态与小说读者或戏剧观众的姿态相差无几。一旦仔细想想就会明白，大卫·科波菲尔或艾玛·包法利从不存在，他们全是被编造出来的。

众所周知，奥赛罗的扮演者并不是一位真正的 16 世纪威尼斯的摩尔将军。现在黑人演员也极为常见，演员再不必像劳伦斯·奥利弗那样，用鞋油把自己涂黑了。奥赛罗的演员并不是奥赛罗本人，他也没有真的杀掉苔丝狄蒙娜。同样，当"巨人海斯戴克斯"（Giant Haystacks，英国著名摔跤手）在盲目的暴怒下，将戴着面具的对手从高处扔到摔跤垫上，并以全身的重量结结实实地压到那人身上时，前者也并没有真的想杀死后者。

这一切不过都是使用**符号**的问题，且是**没有实际内容**的符号。

结构主义语言学导读

在文学中,用瑞士语言学家**费迪南·德·索绪尔**(1857—1913)所构想的结构主义语言学的术语来说,不存在符号所指的所指,也不存在**保证终极真理的中心**使符号以它们的方式运作。

从这个角度来说,巴特论自由式摔跤的文章,是在大众文化方面应用了索绪尔的理论。对于索绪尔来说,在谈论语言时,最重要的是**符号**与**所指物**的区别,用他的法语原文来说,即**符号**(le signe)与**所指**(le signifié)之间的区别。

词语是怎样意义化的?

英国或法国的牛是同样的牛,但英语中指牛的词 cow 和法语中的 vache 却不同。法语中的"vache"与草场上的牛之间,并不存在某种内在关系能使这个词就意味着一头牛。就像草场上反刍的牛不能保证字母组合"c-o-w"总是且仅仅指代自己而不是其他牲畜一样。

词语之所以以这种方式运作，是因为它们在语言**结构**中所处的位置，因为它们彼此不同，却又符合特定的模式。而自由式摔跤手的姿势也包含着某些意义，但这并不源于摔跤手本身的所思所感，比如……

这些姿势的意义源自习俗，人们是由此学会表达自己的喜怒哀乐，并理解其他人的情感的。

自然还是结构?

摔跤手的姿势看起来很**自然**,就像我们说英语也很自然一样。

索绪尔认为，**有关符号的一切都不是自然的**、而且符号在本质上就是**任意的**。巴特论自由式摔跤的文章，便有力地阐释了这一观点。

乍看自由式摔跤比赛时，我们也许会说，这都是自然的。这是因为我们认为**野蛮的暴力**是自然的。

我们渐渐意识到，这一切即便不说是被毫无瑕疵地，也是被谨慎入微地**编码化**了……这就像手旗信号是被编了码的，赛马信号员在比赛中的滑稽动作也是复杂编码的一部分一样。

表演的成规

有时,摔跤手的招式甚至形似一种奇怪的芭蕾。在精心设计的表演中,摔跤手们用一种观众也会理解与欣赏的方式,来展示一系列的惯用符号,用以表达愤怒、懊恼、复仇与最终的胜利。

也存在某些更为**特殊的成规**,比如,当一位摔跤手被另一位摔跤手以一种看似极其痛苦的锁臂式动作按在摔跤垫上时,这意味着的,是这位选手并不打算放弃。

我用手掌撑住了这个摔跤垫!

如果成规允许，这也是观众们习惯了的——这位选手会用扯自己的左耳或大喊"上帝保佑爱尔兰！"的方式，表明同样的决心。

作为一位语言作家的巴特，其重要性就在于他以一种出乎意料的方式展现了索绪尔的符号任意性理论，他在《自由式摔跤的世界》中的论述就是一个绝佳的例证。

他并不是从**抽象术语**入手，而是直接讨论大众的**日常经验**。他就像一个经验丰富的将军，痛击敌人看起来最强的点，而实际上，那最强点处处软肋，正好暴露了其脆弱所在。

意义与差异

当我们要求任何一个没有读过巴特文章的人，为最粗鲁、最自然的蛮力与暴怒的表现形式举出例子时，他都可能这样回答："啊，我知道。自由式摔跤比赛。"

但当他们读过巴特后，便会发觉这个回答不那么可靠了。在巴特看来，摔跤手所展现的最自然的姿态，实际上从始至终不过是——一种精心设计的、任意的、极其复杂的**编码**的一部分。由此，巴特实现了其**"破坏'符号是自然的'这一观念"**的目标。

索绪尔认为,在一个特殊的符号系统内部**生成意义**的,是其所使用的术语间的差异。

最常用来阐明这一基本观点的例子有两个:一是红绿灯,二是两个英语词——"大头针"(pin)和"笔"(pen)。

诸如此类的系统都会生效，比如我们在白色背板上用一组蓝点来代表"停车"，在黑色背板上用一组黄线来代表"通行"。对于系统的运行来说，这样的差异不仅是足够的，实际上也可以说是绰绰有余的了。

就像对于说英语的人来说，"pen"中的字母"e"与"pin"中的字母"i"之间的差异，足够他们迅速地看出、听出这两个单词分别指称的是两种完全不同的物品。

眼见为实？

因此，当那个好人赢得比赛（他也的确常常被允许赢得比赛）时，观众们便会感到正义与公平竞争得了好报。而当那个偶尔也被允许的结果发生，即那个坏人赢得了比赛时，观众们便能沉浸在一种更普通的道德义愤之中了。

但仔细想想，你就会发现，我们不过是根据一些关于人类外表的成规，而坚信特定的摔跤手身上具有一系列的品质特征。

看起来英俊、正直的选手，也许与看起来又肥又丑的懒虫同样邪恶。这一切都是**成规**所致，是直击眼球的**差异**所致。

　　一旦严谨地思考观看自由式摔跤比赛的经验，我们就会发现自己被蒙蔽了。它让我们觉得某些外表与行为方式是自然的，但实际上，它们都是**文化建构**。

认识到不同

无须过多对语言本质的思考,我们就能认识到索绪尔是正确的,并自己就能解释,为什么"pun"(双关语)与"pan"(平底锅)的意义是不同的。

这并不是因为前者指称的,是一词双义的俏皮话中的某种"双关性"(punniness),也不是因为后者指称的,是平底锅与煮锅中的某种"锅性"(panniness);而是因为这两个单词中的元音——"u"与"a"——的不同。所以,说英语的人立刻便能**辨别出二者是不同的**。

我们在寻找与巴特的文学观相似的人时，很容易便能发现其他人也以类似的方式思考过这些问题，并且也得出了类似的结论，即便他们得出的结论可能不像巴特的那样明确。

无论是在巴特对自由式摔跤的分析，还是在索绪尔对**符号任意性**的理论探讨中，他们都强调——观众不应被蒙蔽。

柯尔律治指出,当我们走进剧院时,心里有一部分完全明白,正如哈姆雷特所说的那样,演员们"不过是在玩笑中毒杀",这一切都不是真实的。但我们又欺骗自己,假装我们并不知晓这一切。我们"悬置了怀疑"。正如哈姆雷特谈及国王扮演者的行为时他所观察到的那样,悖论就在于,尽管知道某些东西完全是想象的,我们还是会为其落泪。

赫卡柏对于他来说算什么,或者说他对于赫卡柏来说算什么,能使他为她而哭泣?

哈姆雷特的问题同样适用于那些为《伊甸园之东》(East of Eden)的最后场景流泪的影迷。

扮演剧中最终赢得了父爱的儿子的詹姆斯·迪恩,已辞世40多年,但我们仍为其动容。正如当"山里来的男人"以一种冷酷而折磨的锁臂式将"独行侠"*按在摔跤垫上时,我们仍会无力地怒吼,尽管我们心里有一部分明白,前者并没有伤及后者分毫。

* "山里来的男人"和"独行侠"分别是两位英国摔跤手的擂台名。——编者注

艺术与真实

作为作家的巴特,深深着迷于一种人类境况的巨大悖论。

在艺术中,我们会被某些**不存在的东西**、**从未存在过的东西**,和**从不可能存在的东西**所深深打动。

从学术研究方面讲,巴特论自由式摔跤的文章的中心论点也相当重要。巴特希望,我们能清晰地区分真实生活中的事件与大众娱乐或想象性文学中所展现的事件。

巴特并不是第一个强调这二者间区分的人。就想象性文学而言，最著名的便是莎士比亚批评家 **L.C. 奈茨** 在 1923 年所发表的论文——《麦克白夫人有几个孩子？》（"How Many Children Had Lady Macbeth？"）。

《麦克白》的读者无法忽略，麦克白夫人在第一幕中所说的：

麦克白家族之谜

（在麦克白的命令下）麦克德夫的妻儿被杀死了，麦克德夫本可以用同样的方式复仇，也杀了麦克白的后代。如果麦克白夫人在第一幕中说的是实话，那么麦克德夫就可以杀掉麦克白的子女，但麦克德夫却没有复仇的对象。由此，批评家们辩称，在麦克白夫妇的家庭生活中，一定还有不为人知的秘密。

L.C. 奈茨在文章中指出，所有此类猜测不过是浪费时间，是一种会被**路德维希·维特根斯坦**（1889—1951）或**吉尔伯特·赖尔**（1900—1976）的追随者称为范畴错误（category mistake）的举动。

路德维希·维特根斯坦

也就是说，将我们讨论真实生活中的事件所使用的语言，与具有想象性文学语言特征的诗意用法混为一谈。

诗歌并不指向外部世界真实发生的事件，而是发动、指引与综合某种趣味。

它所需要的，是人们想象没有发生的事情的能力，是将某些从未发生的事情认作暂时真实的事情的能力，最终使剧院观众或小说读者以一种特殊的方式进行反馈与感知。

符号学原理

从巴特篇幅不长但高度凝练的《符号学原理》(1965)便可看出,他与索绪尔(及其他的先锋语言学家)是一脉相承的。巴特认识到了索绪尔在现代语言学发展中的特殊地位,尤其是索绪尔对**结构**(structure)概念的重视。索绪尔在日内瓦的授课内容,在索绪尔死后被整理为《普通语言学教程》,于1916年出版。在此之前,几乎不存在对作为一种普遍社会现象的语言的研究。

从前的语言学研究,关注的不是语法规范,就是语言的演变路径,比如法语从罗马殖民者所说的通俗拉丁语发展为现在所说的语言的演变历程。

索绪尔之前的语言学家，大多关注的是个体说话者的发音方式——索绪尔称为"**言语**"（la parole）。他们很少关注语言在此时此地发挥作用的方式，也很少关注使其成为"**语言**"（une langue）的结构，也即一种系统的符号结构，其中符号的意义取决于彼此之间的差异。遵循着索绪尔与大多数现代语言学家的脚步，巴特也主张，语言的有趣之处就在于结构的**运行方式**。

共时的方法被认为更加有趣的原因在于，几乎其他所有的交际系统都不可避免地需要语言做中介。

像似的、有理据的与任意的符号

正如索绪尔强调的那样，语言的特殊性就在于，符号在本质上是**任意的**。正因此，我们才能用各种方式组合诸多符号，从而传达众多不同的意义。而在《符号学原理》中，巴特则引入了一个更精准、更实用的术语——"有理据的"（motivated），这意味着某些视觉符号的运作方式是可解释的。

我们能够在视觉符号和这些符号的使用者与观众所共同生存的社会的关联中，找到这种解释。

巴特认为，大体上存在三种符号——**像似的（iconic）**、**有理据的**与**任意的**符号。这三者之间的区别并不严格，其间的界限飘忽不定：一端是只有一个功能的像似符号，另一端则是具有几乎无限的可能意义的任意的符号。

与此紧密相连的，还有被公认的习俗所谨慎界定的身份标志，比如国旗或制服。但当越来越多的人把它们当作普通物品或便服使用时，它们便又融进有理据的符号之中。这是因为它们在其兴盛发展的某些社会中，有复杂而又非常清晰的关联。

而最不寻常的，是找到一个绝对自然且表意完全清晰的符号。

沉浸在语言中的世界

人类完全生活在一个语言的世界之中,如果没有语言能解释符号的意思,那么将很少有符号能正常使用。

那些确实在语言中找不到解释的符号极为罕见,比如索绪尔给出的例子——路标和莫尔斯电码,它们只能传递某些非常有限的信息。

无论一个人看漫画后多么迅速地笑出了声，只有当他向自己**低声地**以语言化的方式解说时（几乎所有人都会这样），漫画才会变得有意义。

在《符号学原理》的关键章节，巴特强调了此句的重要性——只要有社会存在，所有的用途就都会转化为其自身的符号。

禁忌

　　社会中没有什么东西是从来便毫无意义的。这样一个事实验证了该种理念——**禁忌**研究是受符号学发展影响最大的学术研究领域。

　　举例来说，穆斯林禁酒，这几乎不可能是因为他们想避免醉酒。

伊斯兰教的禁酒令，基本上是我们这些穆罕默德的信徒用来区别于中东地区另一主要劝服改宗宗教（基督教）信徒的方式。

酒在基督教的仪式中扮演着核心角色，在加利利的迦拿的婚宴上，水被变成了酒（《约翰福音》2:1—11），因为构成了第一次神迹的实质，酒的使用从而被神圣化了。而对于穆斯林来说，禁酒便能够非常简单地将其与基督徒区分开来。

犹太律法

饮食规范的符号：
禁食猪肉、禁食贝类、禁止肉奶同食……
身体的符号：
男性行割礼、不剪鬓发与胡须……

巴特符号学理论下的禁忌研究，强调的是客观事实与社会制度或事件之间的本质区别。前者是惰性的、中性的，而后者的典型特征，即它总是在象征着，从而也在意指着什么。作为符号的禁忌的重要性，与它需要**被语言所中介和表达**是分不开的。

超越索绪尔:后结构主义

巴特走上了一条与索绪尔不同的路。索绪尔错误地坚称语言学最终会变成符号学或者一般符号科学的一部分。

巴特超越了索绪尔,这也是他有时会被称为"后结构主义者"的原因之一。索绪尔认为符号与所指的事物的关系是任意的,而巴特则超越于此。巴特认为,二者间的关系不如说是**有理据的**,这就既避免了暗示这是一种自然的关系,又避免了意指这是一种脱胎于"任意"的非理性的关系。

巴特与德里达

巴特认为,将语言的(或甚至是非语言的)符号置入它们的社会背景中,便能够说明它们运作的方式与原因。这一思想将巴特与其他后结构主义者,尤其是**雅克·德里达**(1930—2004)联系在了一起。

但巴特还不至于像德里达那样反叛。

比如,我至少没有主张说,因为语言总处于一种变化的状态中,所以根本不存在文本的意义这种东西。

但在他强调"作者之死"创造了"读者之自由"(见后文,103页)时,便也透露了他对此类观点的认同。这样一来,巴特便与德里达一样,都准备好了承认——正如不存在与符号相连的最终意义一样,也不存在能够决定文本意义的最终权威。

符号的意义随语境而变,因此不存在与符号相连的最终意义。

在法语口语中,颤音"r"是最平常的发音之一,卢瓦尔河南部的法国人会用它来表情达意。

然而,在巴黎的舞台上,在一群平常用小舌颤音"r"交流的观众面前,颤音"r"代表的却是土气与笨拙。

在英国或是法国社会中都存在类似的例子,比如某种说话、穿衣、吃饭、喝酒的方式,都会因语境的不同而代表相当不同的内涵。

再自然不过了

我们很容易发现,无论是英国还是法国,其广播电台的天气预报员总是带有明显的地方口音,而不是标准的大城市人的口音。虽然这个惯例如此不合理,但它却明显具有符号学的功能。

它所强调的是——天气是多么的**自然**。天气预报员所采用的是一种质朴的、令人安心的语调,他的乡土背景让他习惯于天气的变幻。

在《符号学原理》中,巴特所批判的重要错误之一,就是视语言为一种中性的交流方式,甚至将其等同于一系列的数学符号的倾向。英国剧作家**汤姆·斯托帕德**(1937—　)的剧作《真情》(1982)中,人物亨利也表达了这样的观点:

语词是无辜的、中立的、精确的,它们代表此个,描述彼个,或指称别个。所以你要是关心它们的话,你就能跨越不理解与混乱,搭建起一座桥梁。

汤姆·斯托帕德

这可能是最反巴特理论的观点了,因为它忽视了语言中**内涵**(含蓄意指,connotation)所发挥的全部作用。

文学作品之所以脱颖而出,是因为它们没有"所指",它们最终都无所指称。就某种特殊的意义来讲,它们**与任一物都无关**。

阅读原理

《符号学原理》是一个引人误解的题目,因为该书与"原理"毫无关系。所以,提供一些关于该文本阅读方法的线索将是大有裨益的。巴特的核心论点,即一切文化现象都被统合进了其自身的语言当中。我们也已经提及了他的另一个核心论点,即索绪尔认为语言是一般符号学的一部分,巴特则反之,认为符号学是语言的一部分。这是什么意思?在实践中,它意味着——将一个**系统**(比如索绪尔的**语言**)与该系统的**表现形式**(比如索绪尔的**言语**)对立起来。

巴特指出,我们能够在其他法国思想家的作品中,比如**克洛德·列维-斯特劳斯**(1908—2009)的结构主义人类学中,找到此种对立的例证。

亲属关系结构的**系统**,在女人的交流中,是以**言语**表现其自身的。

系统与言语

"系统"与"言语"间的基本分隔也适用于其他的文化造物。烹饪即是一个例证。

系统

a) 排除律
（禁忌）
b) 对立
（咸/甜）
c) 关联规则
（在菜品或菜单的层面上）
d) 仪式的使用

言语

比如：烹饪的家族传统、民族传统

我们也能将这种系统与言语的并置适用在汽车、家具或服装上。让我们看看时装的例子。

系统	**言语**
a）有关书写	几乎没有
b）有关拍照	模特（虽然**这个**模特是这系统的唯一表现形式）
c）有关服装的正确搭配	实际的服装搭配

时尚的符号学

在之后更专业的书《流行体系》（1967）中，巴特说明了——在实践之中，符号学是如何成为语言学的一部分的。在这里，他与索绪尔的观点分道扬镳了。

巴特所关注的并不是在模特推介的服装意义上的时尚本身，而是那些描述服装的语言。对于20世纪50年代末6个月的时间段内的《时装苑》（Le Jardin des Modes）、《她》（Elle）、《时尚回声》（L'Écho de la Mode）或《时尚》（Vogue），巴特并没有研究其推介的服装，而是专门考察了那些编辑与时尚专栏作家所使用的语言。

比起要理解索绪尔或巴特所花费的精力来说，符号学——或者其先驱之一、美国哲学家 **C.S. 皮尔士**（1839—1914）称为符号论（semiotics）的学科——则不那么复杂与难懂。

符号分析的对象不只是语言的内容。如巴特的服装研究所示，一切符号都能以符号学的方法分析。

编码与习俗

那些整日穿着破牛仔裤和旧卫衣,却认为自己的穿着相当自然的先锋艺术家,他们不过是在遵循着一系列**精细编码**因而意义化了的习俗,就如同那些思想保守的公务员穿深色西服、白衬衫,打学院风或军团风的领带一般。

服装的禁忌

不论我们穿什么,都是在向整个社会传递信息。

也许那些将别针别在耳垂上的朋克少年，没有办法在符号学家所开辟的知识框架中解释他们的行为。但通常，他们并不抗拒那些纳税的群众对他们外表的攻击，也不介意付出某种社会代价。**乔治·奥威尔**（1903—1950）在《英国，您的英国》（1941）中这样评价正步走：

（无）意识的（自我）形象

我把自己变丑，是因为我恨你。同样，我也把自己变得非常容易受伤。我知道你要是抓着这些别针拽它们的话，我就会非常疼，但你不敢这么做。你们的社会拒绝了我，你们只能用你们的方式来表达这种拒斥。你没有胆量用我的方式去实证这种拒斥，因为我的方式就是身体暴力。

巴特被视为日常生活符号学之父。日常生活符号学最显要的特点，即它是一个理性上诚实的学派。它首先指出——所有人都应当认识到，他们借以将自我形象投射到世界之中的符号，是一种有意识选择的表现。

日常生活符号学

　　另一个日常生活符号学的例子,是以**阿贝·皮埃尔**(原名亨利·格鲁埃,1912—2007)之名著称的一位多明我会神父。1952年的寒冬,为了不让那些在巴黎桥下睡觉的无家可归者冻死,他发起了一场运动,这让他顷刻间成为巴黎媒体上的红人。

这是一件有益的慈善事。无论是阿贝·皮埃尔还是教会,都因此收获了好名声。

阿贝·皮埃尔留超短发，蓄飘逸的使徒式胡须。这些以一种非常自然的姿态，表现出了他对现代世界成规的漠视和对基督教理想的热忱。

然而，正如神父宣告其使命时穿着的黑西服、佩戴的神父领所发挥的作用一般，胡须与发型所发挥的作用，也是一套习用的符号。

差异就在于，阿贝·皮埃尔的胡须与发型是**不诚实的**。它们假装是**自然的**，但实际上却是高度**人工化的**。其实它们与自由式摔跤手的装束一样，都是一套习用的符号。

萨特的"自欺"观

在哲学上,尤其是就巴特分析日常生活符号学所使用的形式而言,他的符号观,与和他几乎是同时代人的**让－保罗·萨特**(1905—1980)的"自欺"(bad faith)观类似。

萨特认为,人是自由的,且人总是能够意识到自己是自由的。但是,人却总是假装自己的行动是早已被确定了的。

萨特称此为**自欺**，而我们经常会发现自己就深陷其中。

我们总能意识到我们的穿着方式对其他人所产生的影响。

但我们假装穿什么样的服装是自然与自发的。其实，它们展现的是我们所做出的有意识的、被文化影响的选择，和我们所希望的、他人看待我们的方式。

巴特的日常生活符号学，与萨特关于人类的自由、关于人类对自我选择所负的责任的相关思考，是紧密相连的。

对于萨特来说，不存在所谓使我们变成我们所是之人的"人类本质"。而对巴特而言，我们的外表也是如此。正如我们想成为怎样的人是我们自己的选择一样，我们也是通过穿着方式与说话方式，来选择自己的交流方式。

在语境中认识巴特

很重要的是,我们必须认识到,巴特与萨特、加缪一样,都是其所处时代的,尤其是法国从 1940—1944 年德占时期至 1968 年学生运动这一关键时段的重要人物。

那个时代和巴特,都同样具有两个独一无二的特点:一是都赞成马克思主义;二是均倾向褒扬工人阶级,贬低中产阶级(巴特一贯称之为资产阶级)。

巴特与布莱希特

巴特属于传统法国派。在学术上,他参考的总是法语文献,他举的文学作品的例子也极少是他国的。但他对德国剧作家**贝托尔特·布莱希特**(1898—1956)的崇拜却是个明显的例外。

1953—1957年,巴特发起了一场真正的运动来支持布莱希特,后来他称布莱希特是……

凤毛麟角——一个对符号价值有所思考的马克思主义者。

1954年5月,柏林剧团赴巴黎演出,巴特也终于得到了向这位作家表示他的仰慕的机会。布莱希特的魅力,还在于他的剧院拒斥以营利为根本目的。因德意志民主共和国(东德的官方名称,现已消亡)的大幅补贴,柏林剧团得以上演工人阶级也能负担得起的戏剧。

巴特不像加缪与萨特那样,他从未在作品中公开地讨论过政治问题。但他与绝大多数 20 世纪的法国作家一样,相当支持**卡尔·马克思**(1818—1883)的观点。尽管他从不是一位马克思主义者,但他与马克思的信徒和追随者一样,都极其厌恶中产阶级,且都认为过去的文学是对其时代的阶级冲突的反映。

布莱希特的"间离效果"

自从巴特发现柏林剧团的演出和布莱希特的戏剧理念,都与他对**文学中符号运作方式**的见解不谋而合,他便视布莱希特的戏剧为他所崇拜的文学典范。"疏离"(Verfremdung)或者"间离"效果,是布莱希特用来表达其戏剧观的术语。巴特认为,这种表演方式让观众免于忘记——正在上演的一切不过都是幻象。

20世纪50年代早期巴特谈布莱希特的评论文章《大众戏剧》,与他《神话修辞术》中论摔跤的文章,二者存在明显的类似。

在摔跤与布莱希特的戏剧中,观众们永远都不会沉浸或投入到动作之中,以至于失去自由。

反对明晰性

在 1957 年巴特的《神话修辞术》以书的形式出版之前,他就已经是法国学界响当当的人物了。在 1953 年出版的《写作的零度》中,巴特反对用散文书写的文学作品的最重要特征是**明晰性(clarity)**,从而,他将自己标榜为法国文坛的反叛者。

自 17 世纪以来,尤其是自 1674 年**尼古拉·布瓦洛**(1636—1711)发表《诗的艺术》以来,法国中学的所有学生都必须学习布瓦洛的双行体(couplet)……

"你心里想得透彻,你的话自然明白,表达意思的词语自然会信手拈来。"

一旦你想清楚了要表达的内容,语词就会流畅地脱口而出。

胡说八道!都不过是一堆资产阶级的垃圾!

明晰性并不是一种绝对的、必要的散文特征。它是一种**阶级属性**,是一种身为特定阶级成员的你在向同一阶级的成员说话时,作为符号而发挥作用的写作方式。

巴特坚称,明晰性并不比从左到右阅读一页散文的习惯更具普遍性和公认性。比如,阿拉伯语文化便是在从右向左的阅读习惯下发扬光大的。

仅仅是因为17世纪的法国资产阶级力量开始掌权,法国中产阶级所赞美的那种明晰性才变得重要起来,而布瓦洛与其他理论家则继续捍卫了明晰性的地位。

在后来的职业生涯中,1978年,巴特为他进而发展的、被他称作**不可读性**(unreadability)之物争取着绝对的特权。他说,这是一匹潜藏在人类科学营垒中的特洛伊木马。

通过这种避免陷入惯用法语明晰性陷阱中的写作方式，除了破坏"符号是自然的"这个观念，作家们还能够……

但并不是所有人都同意巴特的观点。自从 1784 年**安东尼·里瓦罗尔**（1753—1801）发表《论法兰西语言的普遍性》以来，就有人始终坚信，法语的明晰性是英语、拉丁语或希腊语都无法匹敌的。

然而，巴特在作品中却一如既往地批驳这种被他视作传统观念的明晰性，这也将他与20世纪60年代法国学界的其他四位思想巨头联系在了一起。

反对现实主义

对《写作的零度》的作者巴特来说,并不存在什么自然的或现实的写作风格。当那些小说家让书中的人物说"见鬼"或"狗屁"时,或者当他们描述书中人物吃穿之物时,他们并不是真的想"告诉你人物究竟是怎样的"。

因为那些他想描述的人物从未存在过,所以他也不可能告诉你他们究竟是怎样的。他只是在用一种特殊的编码写作:**现实主义小说**的编码。

现实主义与其他所有的文学流派一样,也是由一系列成规所构成的:粗俗的语言、熬人的贫穷、残暴的姿态、性的堕落、浓郁的人情味、不幸的婚姻、肮脏的环境与极其可悲的气氛。

现实主义的建构是基于这样一种共识,从一开始作者和读者就知道,最终所有人都会走向一个悲惨的结局,甚至也可能是一个血流成河的结局。

存在自然的风格吗?

1953年,如《写作的零度》题目所示,巴特的确认为,这种方法能够逃避人工性对所有文体的影响。在《罗兰·巴特论罗兰·巴特》(1975)中,他用自己的语言解释了这种方法。

1953年,巴特指出,在加缪的第一部小说《局外人》(1942)的写作中,潜藏着解决问题的方法:这是一种完全中性的、无表情的风格,就像**欧内斯特·海明威**(1899—1961)的写作那样,或者像乔治·奥威尔的名言所说的那样:好的文字就像窗玻璃。

到了1970年，也就是巴特出版《S/Z》的那年，他逐渐意识到他所要求的那种坦诚的、自然的、直接的风格是不切实际的。就像爱尔兰剧作家**奥斯卡·王尔德**（1854—1900）曾说的那样：

> 自然只是一种姿态，也是我所知最恼人的一种姿态。

巴特在《写作的零度》中的一篇文章中也坚称，唯一的方法便是听取罗马演员的座右铭：

> 我戴着面具，前行。

因为没有一个人能像动物奔跑或鱼游泳那样在自然状态下写作，那么唯一能做的一件真诚的事，就是永远不要假装你所穿、所说或所写之物并不是习用编码的一部分。

一场激烈争端的起源

要理解巴特这个"局外人",我们不仅要知道他非天主教的信仰、他同性恋的倾向,还要了解他与巴黎学术当权派的特殊关系。

法国公立学校的教师都是公务员,这些最受人尊敬的工作,都留给了那些能通过最难的竞争考试——教资会考的人。1934年5月,巴特患了肺结核,到1937年,他的身体状况差到已经被宣告不符合服兵役的条件了。

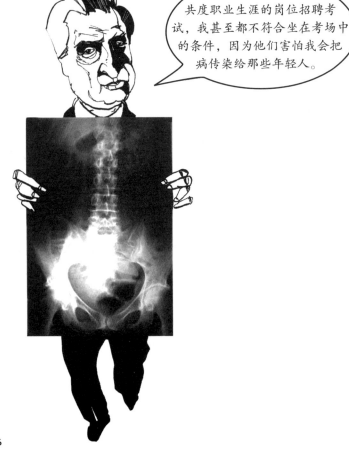

索邦大学与它的竞争对手

大学教职是留给那些花费长达十年时间写论文的**博士**的。

在一段被巴特委婉地称为"职业不稳定"的时期中,他甚至连一个非常基本的大学学位都没有,这成了他的劣势。过后,他被任命为法国高等研究实践学院第六部门的主任,这个学院是一个 1886 年作为索邦大学竞争对手而成立的机构。

拉辛一事

巴特《论拉辛》(1963)一书的出版,触发了一场激烈的争端。站在巴特对立面的是雷蒙德·皮卡尔(1917—1975),他在小册子《新批评还是新欺诈》(*Nouvelle critique ou nouvelle imposture*)中对巴特展开了批判。

皮卡尔绝对是学院派的权威:他是索邦大学法国文学系的教授,是优秀论文《拉辛的文学生涯》的作者。他并不像巴特的一些狂热粉丝所说的那样,是一个右派分子。1940—1944年德占时期,他还积极参与了抵抗运动。

值得一提的是,与雷蒙德·皮卡尔的论战,还是**两个法国的学术机构**之间的斗争。

也是两种不同的**面对文学的方式**之间的斗争。

皮卡尔自己并没有为他对巴特的批评寻求媒体的关注。最初，他批评巴特的文章发表在《人文科学杂志》上，这不过是一本发行量大约5000册的学术期刊。但随后，这篇文章却被法国最聪明、最叛逆的专栏作家之一——让-弗朗索瓦·列费尔盯上了。

就这样，皮卡尔的批评偶然间将巴特推上了一个他从未想要也从未预料到的位置上：一个法国学术当权派的受害者。随着1968年学生运动的壮大，人们渐渐看到了巴特所遭受的这种迫害，而这也成了这场运动被如此正当化的原因之一。

认识拉辛

皮卡尔代表着对**让·拉辛**（1639—1699）的传统批评：拉辛是最伟大的法国剧作家，法国古典主义的典范。传统批评认为，拉辛非常清楚自己是如何操控他所写下的字句的。他在文论原则的规训下游刃有余，且充分发挥了这些原则的优势。

拉辛作为一名悲剧作家的职业生涯是极其辉煌的。从 1666 年《昂朵马格》演出的首次成功，到 1669 年《布里塔尼居斯》中对罗马帝国政治的绝妙分析，直至 1677 年其代表作《费德尔》的出版，拉辛达到了其职业生涯的巅峰。

亚里士多德的古典主义原则要求，一切行动必须在同一个场景、在 24 小时之内发生，且不包含次要情节。我并不觉得这有什么特殊的难处。

拉辛的五幕悲剧全是用押韵的双行体写成的。

他先用散文形式将所有的悲剧写出，再将它们填入通行的诗体——十二个音节的亚历山大体诗行之中。他的主题要么取自古希腊或古罗马历史，要么取自对现代世界的探险，就比如他的《巴雅泽》（1672），就深入到了遥远的土耳其。

我们对拉辛的私生活知之甚少。在一段放浪形骸的青年时期过后,他娶了一位带着丰厚嫁妆的无聊女人。她为他生了7个孩子,却从未去过剧院,也从未读过一行他的剧本。

尽管拉辛不知何故惹得路易十四不快,但因他早年积累了许多王室的赏金,所以他死时还是像百万富翁那样风光。

1963年，巴特写的三篇关于拉辛的文章以书的形式出版了。但他勾画的，却是一个与法国批评家尊奉为法国戏剧艺术典范的拉辛完全不同的剧作家形象。

图腾与禁忌

巴特承继了**西格蒙德·弗洛伊德**（1856—1939）《图腾与禁忌》（1913）中的观点。

儿子们互相争执，究竟谁接下来有权享有这些女人，自此人类历史的主要特征就由无尽的犯罪与暴力行为所支配了。

拉辛所有悲剧中重复的，都是这种留存在我们集体潜意识中的模式。

从传统批评的视角来看，我们会认为拉辛的剧作是关于爱的，而且尤其是关于妒忌的。有证据表明，我们可以将拉辛所刻画的人性的晦暗视作他对自己成长环境中的詹森派的反映。（詹森派是罗马天主教中的新教派异端，它就好像更强调苦行的加尔文派，主张人完全被原罪所决定，人绝对没有自由意志，他们被拯救或堕落的命运都是注定的。）我们可以用这种视角去审视拉辛的作品，但这个方向也可能是错误的。

如果假装《论拉辛》是巴特最优秀的作品的话，那将是极具误导性的。正如皮卡尔所批评的那样，《论拉辛》阐述的是一个高度简化的拉辛，该书充斥着大量自命不凡的术语。它不大可能让任何人增添对任何拉辛戏剧真实演出的愉悦感。此外，巴特在其第三篇论文中的坦白也能为此种观点证明，他承认，自己其实并不喜欢去剧院看《昂朵马格》或《费德尔》。

尽管如此，这场在巴特与皮卡尔之间展开的论战，实际上却使当时法国所有批评家都参与其中，其重要性体现在下述三点：

为了回应皮卡尔，巴特创作了《批评与真实》（1966）。其中，他详尽地讨论了一系列的相关问题：文学批评是什么？它可能是什么样的？更具体地说，它在一段见证了其他学术研究领域诸多变化的历史阶段中，又应当是怎样的？

由此，巴特也被置于对文学本身性质所展开的国际研讨的中心，人们将他的某些观点与用英语写作的批评家的观点相比较，发现了相似之处。通过关于拉辛的这场论战，巴特成了一个更加国际化的人物。

这同样使巴特成了某种程度上的殉道者，而且任何不用巴特式的术语来书写巴特的人，他们的言论都很难被巴特的支持者听见。

尽管巴特从未谋求过这样的头衔，但他却成了一个象征性的人物。他代表的反抗——是反抗资产阶级社会保存和讨论其文化遗产的方式，反抗这个社会将敢于挑战其霸权的人抛入外部黑暗的行为。

戈德曼的拉辛批评

巴特并不是唯一一个挑战传统拉辛剧作批评的法国作家。有两位批评家都对巴特产生了影响。

其一是马克思主义批评家**吕西安·戈德曼**（1913—1970），他在 1954 年出版了巨著《隐蔽的上帝》。书中，他也声称拉辛并不非常清楚自己在做什么，并将他的悲剧解读为詹森派运动与法国王室之间动荡而最终走向灾难的关系的翻版。1713 年，路易十四镇压了这场运动。

戈德曼认为，詹森派运动之所以能在 17 世纪的法国知识界人士中获得成功，是因为它吸引了一个特殊的社会阶层。它所吸引的人之一，便是其主要思想体系的发言人——数学家、哲学家**布莱兹·帕斯卡**（1623—1662）。他与拉辛本人，自出生到成长都笃信詹森主义。

这群从国王那里买了办公场所的律师，同时也获得了将办公场所传给子女的权利。

詹森派的动机

为什么转向了詹森派？在戈德曼看来，这是因为詹森派的神学强调了在与上帝的关系中人的灵魂的无力性。回想起他们和法国国王之间的关系，他们便在詹森主义中找到了共鸣。

在这个世界上，我也同样没有办法影响那些改变我命运的决定。

这两种境地在结构上是同一的，而拉辛剧作中的关系也同时反映了此二者。

戈德曼认为，艺术品凭其自身而存在。但艺术品的**意义**与**结构**，却是通过授权社会群体的成员将其经验意义化而得来的。

《隐蔽的上帝》对巴特产生了明显的影响。巴特认同戈德曼对悲剧的定义,即在悲剧中,个体意识到在这个世界无法实现其真正的价值。此外,巴特与戈德曼还对作家有同样的预设,他们都认为,作家并不完全清楚自己在做什么。

在拉辛的意识中,他可能觉得自己在跟随古希腊伟大悲剧作家的脚步。

我成了法国的**欧里庇得斯**(公元前484—前406)。

在戈德曼看来,拉辛真正在表现的,是一个被历史定了罪的特定阶级的世界观。而这种世界观,与欧里庇得斯剧中的主人公们在与神之间的关系中所经历的政治上的无能,是同一种。

拉辛可能有意识地努力探究性的激情为何如此具有破坏性。他所写下的这般完美的诗句，为他在众多不朽者中求得了一个位置，也让他通过了法兰西学院的选拔，获得了国王的高度赞赏。

他真正在做的，是反映人类的前历史，复现那些我们还没意识到的，但仍主导着我们当下情感生活的模式。

莫隆的弗洛伊德式观点

另一个影响巴特的批评家是**夏尔·莫隆**（1905—1970），他的拉辛研究受到了弗洛伊德学说的启发。与巴特和戈德曼都不一样的是，莫隆认为作家的私生活对他的作品具有直接的影响。的确，这就是莫隆《拉辛作品与人生中的无意识》（1957）一书的核心观点。

头脑最清晰的作家在不知情的状况下，以一种无意识为原型展开创作。在创作的过程中，他得到了一种他从前未意识到的直觉性的知识。

詹森派的孤儿

莫隆是弗洛伊德学说的忠实信徒。对他来说,要了解一个人的性格,关键就是要了解这个人的童年。而贯穿拉辛童年的最重要的事件,就是在拉辛三岁前,他的父母就双双去世了。

我是被舅母养大的。我在波尔罗亚尔的詹森派的学校接受了教育。

爱、恨与反抗

拉辛在詹森派的学校学习,再加之拉辛对希腊知识的融会贯通,这都使他对詹森派产生了强烈、深刻的情感认同。同时,像许多孤儿一样,拉辛也将学校视作他逝去的双亲一般的存在。但莫隆指出,所有的孩子都对父母抱有同样矛盾的态度。他们爱自己的父母,但他们同样需要通过反抗父母来维护自己的独立。

一种偏执的模式

在莫隆看来,拉辛与其童年时期的波尔罗亚尔之间的爱恨关系,刚好解释了拉辛悲剧中一直重复的一种模式——某个热情似火、占有欲强的女人爱上了某个男人,但却发现他不能或不会爱她,接着女人便有意或无意地促使这个男人在生理上、情感上或道德上死亡。

在《布里塔尼居斯》中,阿格里比娜不肯放其子尼禄自由,最终迫使尼禄走上了犯罪之路。

而在《巴雅泽》中,当罗克珊意识到巴雅泽永远都不会爱她的时候,她宁愿让他被杀死,也不愿看他娶他心爱的女子阿塔利德。

最值得一提的是，在拉辛最著名的剧作《费德尔》中，费德尔的爱导致其继子依包利特的死亡。她疯狂地爱上了依包利特，仅仅是想到他会属于别人，她就感到无法忍受。

> 你遇见了我，随后你便被激情撕裂了。可我已经在恋爱之中了。我的眼中没有罪，对你的爱也不是一件我能接受的事情。

尽管巴特并没有公开接受莫隆的弗洛伊德学说或戈德曼的马克思主义，但显然这两种思想都对他产生了极深的影响。不仅如此，他还高度认同这二者共有的观点——归根到底，作家们并不理解他们自己的作品。

这促使巴特在《批评与真实》中辩称，任何研究过去或现在的文学的方法，都**不能**建立在皮卡尔那样不经质疑就接受的观点上。

你必须用作家自己的方式来对待他，从他认为他在做的事情、他有意识的目标与抱负的角度来看待他。

恰恰相反，你应当采取一种更加开放的方法。这种方法必须重视我们现在用以理解自己经验的思考方式：**马克思主义、弗洛伊德学说与结构主义**。

葛兰西的霸权理论

巴特与皮卡尔的争执不只是一个学界的小风暴。它与法国整体的精神生活紧密相关,继而也与法国社会本身紧密相关,因此它不容小觑。在 20 世纪 60 年代,甚至在当下,意大利的马克思主义者**安东尼奥·葛兰西**(1891—1937)对社会权力性质的判断,都是一个绝佳的范例。1926 年,葛兰西被墨索里尼的法西斯政府逮捕并遭到监禁。他在狱中写作,也在狱中死去。

社会中的掌权者坚决要求,学术研讨应当使用那种他们所使用的,他们能够理解的,代表着他们观看、解释与支配世界方式的语言来进行。

用葛兰西的话来说，皮卡尔与巴特之间的争执代表的是一场"知识界各持异议的团体内部争夺**学术霸权**"的活动。皮卡尔代表的是维持现状的保守派，巴特则代表着一种新的书写与思考方式。幸运的话，巴特所代表的新方式可能有助于建造起一个新社会。

因此，不管皮卡尔本人是否支持法国的资产阶级，他都代表着对法国资产阶级继续主导法国学术圈的支持，继而，他也代表着对其继续主宰法国社会的支持。

终于，这两种相互敌对的思想方式，在解读拉辛上爆发了冲突。假如是在英国，拉辛就相当于那些代表着英国文化传统中心的作家，诸如莎士比亚和狄更斯一流。

"我并不是一个文学批评家……"

巴特多次辩称,自己并不是一个文学批评家。他认为,文学批评涉及评判与裁决,而他是绝不会涉足这些在他看来具有典型资产阶级特征的活动的。

文学令我感兴趣的地方在于,它是一种特殊的交际类型,是一种特殊的**使用语言**与**利用符号**的方式。

正是这一兴趣启发巴特创作了《S/Z》,这本书可以被视为是对《零度的写作》与《批评与真实》中观点的发展与延续。巴特对文学的思考,批判了那种认为必须从作家生平背景的角度来看待作家作品的观点。确切地说,一切企图从作家有意识在做的事情之中挖掘文学作品意义的方法,他都不认同。

从这个角度上讲,像我这样以讨论作为一个人的巴特的形式展开的巴特研究,这种方法简直错误至极。诚然,在 1975 年,巴特自己也发表了一个类似访谈的自传——《罗兰·巴特论罗兰·巴特》。在读这本书时,人们总会情不自禁地想附和帕斯卡,因为他们在原本只期待着一个作者的时候,却遇见了一个真实的人,这是多么令人愉悦的事啊。

作者之死

作为一名优秀的文学理论家，巴特成名于他在 1968 年首次发表的文章——《作者之死》。巴特在文中指出，**作者**（auteur）这一术语，及其所暗含的他/她通过作品展示其独特人格的写作者之义，应当被取消，并被**抄写者**（scripteur）所代替。他仅仅是**某个写作的人**——仅仅是与那些识字水平低下的文明中的写信人同样非个性化的存在者，仅仅是被赋予执笔书写能力之人，时刻准备着为除他自己之外的所有人而写作。

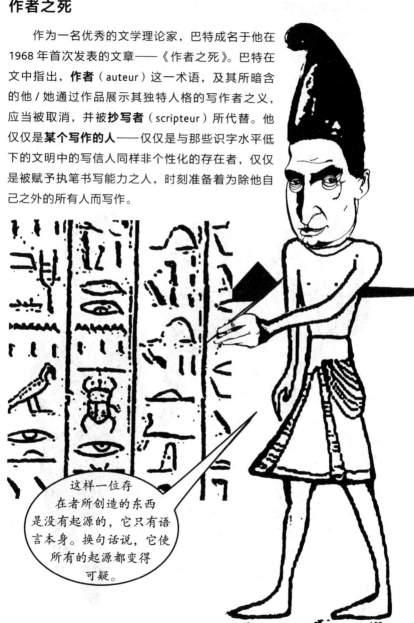

这样一位存在者所创造的东西是没有起源的，它只有语言本身。换句话说，它使所有的起源都变得可疑。

作家生平的无关性

"抄写者",从这个角度来说,"既没有感情、性格,又没有感觉、印象。他只有一个供他汲取资源的巨大词典,借此他便能够永不停歇地进行写作了"。

> 生命不过是在模仿书籍,而书籍本身不过是符号的编织物。

1920年,**T.S.艾略特**(1888—1965)在《传统与个人才能》一文中,更直白地表述了这一观点。

> 对某人来说十分重要的印象与经验,可能在其诗歌中并不重要。而那些在其诗歌中变得很重要的印象与经验,却可能在这个人身上、在他的个性上,只起了一个完全无足轻重的作用。

因此，即便我们在赞美了某人许多歌颂勇敢和婚姻忠诚的书后，却发现书的作者其实是一个胆小鬼和淫棍，但这也完全不会影响到这些书本身的文学质量。我们可能会为作者的虚伪感到惋惜，但我们还是不应抑制自己对他身为一名作家的写作技巧的赞美。

但这与作家书籍的文学质量或者书籍意义的关系，就像一个物理学家的私生活与他对于量子理论或原子结构观点的接受与否的关系一样，都毫不相关。

反圣伯夫

《作者之死》强调了区别想象性文学与自传的重要性所在。在19世纪法国由**奥古斯丁·圣伯夫**（1804—1869）所发展的文学观念中，二者之间的区分始终是含糊不清的。而巴特的作品则可视作对此的一种有效的反驳。

我认为，文学批评的首要目标，就是研究作品**背后**的那个人……而衡量一个文学作品的主要标准，就是作者将**个人**经验转化为文学形式的准确度与真挚性。

我的想法与你截然相反，我赞成英国诗人**W.H.奥登**（1907—1973）与法国作家**让·谷克多**（1889—1963）的观点。

最真实的诗歌，最虚妄。

要说真话，就必说谎。

《S/Z》，1970

于1970年出版的《S/Z》，是巴特最难读的作品之一。我们可以把它理解为巴特对符号正确使用问题的再讨论。只不过这一次，巴特是在其复杂的文学理论的框架中展开的研究。

三种看待小说的观点

我们将罗列三种巴特在《S/Z》中所批判的关于散文体小说本质的观点。

首先是小说作家**奥诺雷·德·巴尔扎克**（1799—1850）的观点。在其最伟大的小说——《人间喜剧》的序言中，巴尔扎克声称，自己并不是这部刻画了18世纪末19世纪初法国的书的真正作者。

模仿的幻象

无论是巴尔扎克、沃尔波尔,还是伊舍伍德,他们想表达的观点都是:小说家在复制或者模仿一个**先在的真实**,这个真实全然独立于小说家自身的存在,且只有一种自然的方式能够表现这一真实。这让我们又想到了古希腊的**模仿论**(mimesis)。

> 传说古希腊的画师**宙克西斯**(公元前5世纪人)所画的葡萄逼真至极,甚至招致飞鸟啄食。

> 这正是那些成功的小说家应当做的事情。

但巴特所批判的散文体小说理论中的**模仿的幻象**之所以得以运作,是因为预先存在着一个真实的社会或者一个真实的人,引导了小说家的创作内容。就如同预先存在着一串真实的葡萄,供画家临摹一样。

然而，巴特并没有迎头痛击这一模仿的幻象。他没有讨论巴尔扎克《人间喜剧》的全80卷，也没有讨论其中著名的故事，如《高老头》（1834）或者《幻灭》（1837）。在《S/Z》中，巴特以约85 000余词的篇幅，全部用以分析一个巴尔扎克在其文学生涯开端书写的、仅10 000余词的相对短小的故事，也即于1830年首次出版的《萨拉辛》。

这本书是巴特献给参加了他 1968 年与 1969 年高等研究院的研讨会的学生们的，而且这本书就像巴特所巧妙说明的那样，是根据学生所听到的内容而书写的。

尽管从某种角度来说，这讽刺性地揭露了像巴特一样优秀的教师是如何主宰课堂的。但它也同样展现了 1968 年发生的事件对法国高等教育中的教学本质的影响，可以说是微乎其微。

从另一方面来说,《S/Z》表明,巴特再次选择了一种与传统的主导法国教育(无论是中学还是更高层次)的方法完全不同的方法来研究文学。传统的方法是众所周知的文本解析法,它由两个略显复杂的预设所统摄。

文本存在一个中心意义,而批评家或评论家的责任就是将其准确无误地大白于天下。

这项工作是必要的,因为文本原初的作者自身,或多或少并没有完成表意清晰的任务。

在《S/Z》之中,巴特则持有完全相反的观点。

文本的意义只能是其系统的多元性,它无尽的(循环的)可转写性。

在巴特的文学观中,"作者之死"产生了一个直接的、解放性的后果:**读者的诞生**。巴特认为,读者才是决定文本意义的人。读者,当然是由作者所使用的符号所引导着。但是,读者绝不会为这些符号所限制。文本的符号唤醒了读者脑海中的意义,这意义会随着时间而变化,也会因读者的不同而变化。

萨拉辛的故事

《S/Z》一题来自于巴尔扎克的小故事《萨拉辛》中两位主人公的名字:年轻的法国雕塑家**欧内斯特－让·萨拉辛**,与他在 1758 年罗马旅途中爱上的一位歌手**赞比内拉**(红衣主教奇科尼亚拉的挚爱)。赞比内拉的美貌让萨拉辛深深着迷、他甚至在工作室中刻了一个她的雕像。

在一场喧闹的聚会后,萨拉辛绑架了赞比内拉。但是,他发现赞比内拉居然不是一个女人,而是一个阉伶。

在红衣主教的指使下,萨拉辛被刺杀而死。但他所刻的赞比内拉雕像却继续启发着许多艺术品的创造。尤其值得一提的是法国画家**安妮－路易·吉罗代**(1767—1824)的《昂迪米翁的安睡》。

萨拉辛、赞比内拉与红衣主教奇科尼亚拉的故事，是在朗蒂伯爵与伯爵夫人家中的聚会上以倒叙的方式被讲述出来的。不知名的叙述者正试图以此引诱聚会中的一位客人——罗什菲德夫人。

不仅如此，这场聚会的主人——朗蒂家族那泼天的财富，也是用赞比内拉在剧院和舞台上漫长而极其成功的职业生涯赚来的钱打下的基础。

这个故事让罗什菲德夫人大为震惊,以至于她竟拒绝履行先前与叙述者的约定。所以,这位叙述者白讲了一个故事,而没有得到任何的奖赏。

这是巴特在《S/Z》对《萨拉辛》的分析中,第一次将该故事指向了空无:这样一个围绕着**阉割**的空洞与性缺失的特征展开的故事,并不能引诱一个女人。

而巴特对萨拉辛的评价，第二次将该故事指向了空无：萨拉辛死于**"他人话语的空白之中"**。因为萨拉辛是一个外邦人，所以他不知道 18 世纪意大利禁止女性登台的习俗。

那么，他就不会去绑架"她"，而他也不会被红衣主教奇科尼亚拉杀死。

萨拉辛的生命以悲剧的方式结束了，这是因为他并不知道其他人要怎样去操纵这个本质上任意的符号——女性性征。

以此类推，这引向了巴特对《萨拉辛》的解析中第三个与阉割或空洞的主题紧密相关的概念：现代资本主义社会中财富的本质。

朗蒂家族非常富有，巴尔扎克世界中理想的家族一向如此。但这些钱不是通过农耕或工作得来的，它们甚至也不是其祖上积攒的真金。这些钱来自于赞比内拉歌唱的天赋，而这天赋则源于"他"或"她"的性征在本质上的空无。

在资本主义金融的现代世界中,在信贷与银行业的现代世界中,财富并不依赖于真实,而是依赖于信任。如果所有人都决定卖出股票并取出银行中的储蓄的话,那么这个系统就会崩溃。

就像阉割的**象征意义**所表明的那样,它立足于一种**本质上的空无**,立足于对一种极其脆弱的体系的信任行为,而这个体系,除了信任,什么基础都没有。

而从文学的角度,也即巴特论述的重中之重来说,与阉割相关的第四个概念是最重要的。

> 文学作品的主题所具有的真实性对于其意义与价值而言,不过就像阉伶的性征一样,微乎其微。

一部文学作品,很可能是非常优美且涵盖许多有趣事实的。巴特所分析的《萨拉辛》之中便有这样的一个细节,展现出了18世纪欧洲阉伶收入颇丰的现象。这正是那些秉持**古斯塔夫·朗松**(1857—1934)实证主义方法的人所喜闻乐见的。雷蒙德·皮卡尔及其支持者,也从属于朗松所开创的批评学派。

> 毕竟,赞比内拉的天赋让"她"为朗蒂家族的丰厚资产打下了基础。

但是,《S/Z》中的全部阐释都倾向于认为,一部文学作品,也同样立足于一种**本质上的空无**。就像在自由式摔跤手的例子中,并没有什么是真实的。巴特在《S/Z》中也指出,文学就是要通过挖掘"其系统的多元性,它无尽的(循环的)可转写性",来发挥作用。

这正是巴特所说的**"可写的"**(scriptible)文本,其先在的意义并不完满,也就是说,它并不是一种排他性的、仅允许独一的视角而否决其余全部视角的文本。与此相对的,是被巴特称之为**"可读的"**(lisible)文本,这种文本向读者要求的只有一种被动性,来阻碍读者思考它运用符号的方式。

恰恰是**读者的自由**,而不是作者的意图,或者先前批评家称作"内容"之物,赋予了文本以意义。

萨德,傅立叶,罗耀拉

对于许多巴特的追随者来说,1971年出版的《萨德,傅立叶,罗耀拉》一书代表着巴特写作与思想水平的巅峰。这是因为这本书为在严格意义上的文学语境下的结构主义的运作方式,做出了案例研究的阐释。

萨德侯爵（1740—1814），一个相对无害的性怪人，他书中所幻想的世界，交替着难以想象的性狂欢与永无休止的哲学研究。然而，引起巴特兴趣的并不是萨德所枚举的性变态现象，也不是这些现象极端的不可能性。

夏尔·傅立叶（1772—1837），憎恶工业主义的失败商人，奇怪的社会哲学家。他创作的许多乌托邦作品都致力于描绘一个理想的社会，其中，男人与女人在完全的和谐中协同工作。

和谐必须被发挥到一种协作的**极致**，比如说……

我们被要求穿上一件自己一个人不可能穿上的衣服……

……如果没有他人的帮助，这衣服也根本脱不下来！

在傅立叶的和谐乌托邦中，他分别列出了男人与女人的810种性格。对于巴特来说，重要的不是罗列的内容，而是这些列表的存在本身。

依纳爵·罗耀拉（1491—1556），创建耶稣会的圣徒，《神操》（*Spiritual Exercises*）一书的作者。

作为作者的罗耀拉与萨德和傅立叶很相似，因为罗耀拉也对罗列与分类近乎狂热……

……尤其是对罪的罗列与分类。

同样，对于巴特来说，令他感兴趣的并不是罗耀拉对罪和许多罪的现象的深入探究，而是罗耀拉对这些罪的**罗列**，以及罗耀拉所描绘的**自足的世界**，就像萨德与傅立叶所描绘的想象的"共同体"一样，它们都只能在一个限定的、独立的地方才得以存在。

立言者

用巴特的术语来讲,萨德、傅立叶、罗耀拉都是立言者(logothetes),意即"语言的创造者"。他们不只是一个系统(性虐待、乌托邦、耶稣会)的作者。就像巴特所说的那样,他们真正做到了创造一个新语言所需要的——**戏剧化运作**(theatricalization)。

我的意思不是说他们仅仅设计了一套模式,而是他们将语言非限制化了(unlimite the language)……

让我们在下述实例中看看巴特所说的"非限制的语言"是什么意思。

萨德，萨德主义

在我们的社会中，没有能与令人震撼的萨德色情学相比肩的系统。

"合理化"也意味着依据确切的原则来组合恶行，并从这一系列恶行中创造出一种新的语言。这不再是言说的语言，而是行动的语言——一个崭新、复杂的爱的**编码**。

萨德式的实践发生在他数不清的秘密基地中——闺房内、偏远的城堡中、地牢里，甚至是女修道院中。从作为"最小单元"的姿势的细枝末节，到纵欲场景中最复杂的结合，都被正式地规范起来了。萨德像安排句子中的词语那样，安排了射精与高潮。

在狱中度过的数年里,萨德养成了一种疯狂地着迷于数字、计算与编码的习惯。一种解释是,他需要记录下这种被他称作"收紧"行为的次数、也即他通过手淫或者他忠诚的妻子勒内所供给的工具所达到的高潮次数。

> 三年牢狱之后,我估算我差不多"插入"了 6600 次!

萨德总是吓唬、恶心我们,因而有人觉得他很**乏味**。而巴特认为,"只有当我们随意地从萨德的话语中推想其表征的'现实'时",我们才会把萨德当作乏味和不道德的人。

要是我们为了道德的缘由封禁萨德,那只能表明我们拒绝进入萨德的话语世界。

萨德总是选择话语,而不是指示物:"他始终支持**符号论**,而不是**模仿论**。"巴特认为,萨德并不是一位现实主义作家,他不是在"复制"或者"指涉"现实,因此我们也不应当从"指示物"的角度来阅读萨德。

捕捉神性的符号

依纳爵·罗耀拉的《神操》,被誉为"一本广受赞叹的苦行主义手册"。

罗耀拉的训练是一种艺术。巴特认为，它是"专为探寻神性的对话而设计的"。与萨德严格安排的场地一样，罗耀拉训练的参与者也栖居于一个封闭的**书写的世界**、一个文本之中，天数、日程表、姿势与饮食都在其中被详细地规划与规定了。

然而，罗耀拉的场地是已经完全设计好了的，灵修者从而能够表征**其自身**。

他的身体就是要克胜的内容。

他在单独的、黑暗的房间之中冥想，一切都是为了给**渴望**的神圣相遇做准备。

用符号论的术语来说，罗耀拉的话语是**组合的**，像树一样，它是由复杂枝杈构成的网络。巴特指出，这是"一个闻名于语言学界的模型"。下面是一张第一周灵修的概览图。

创建"和谐社会"

傅立叶乌托邦话语中的数字很少是统计数据,也就是说,它们很少被用来计算平均值与概率。傅立叶的数字与萨德和罗耀拉的数字一样,都是一种**创造**,是与渴望相关的"幻想细节"的数值。

让我们来看看傅立叶所设想的乌托邦——"和谐社会"之中的一些"数字的细节"。

人的身高

在和谐社会,男人的身高将会达到 7 法尺 * 或者 84 法寸 **。

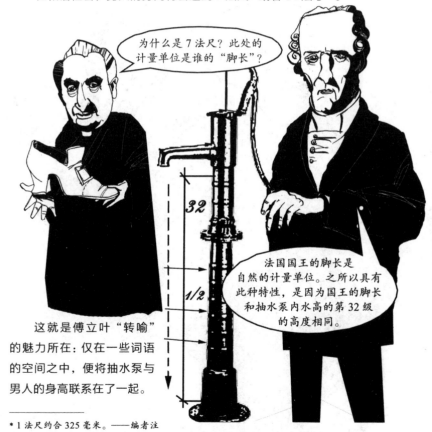

为什么是 7 法尺?此处的计量单位是谁的"脚长"?

法国国王的脚长是自然的计量单位。之所以具有此种特性,是因为国王的脚长和抽水泵内水高的第 32 级的高度相同。

这就是傅立叶"转喻"的魅力所在:仅在一些词语的空间之中,便将抽水泵与男人的身高联系在了一起。

---
* 1 法尺约合 325 毫米。——编者注
** 1 法寸等于 1/12 法尺,约合 27.07 毫米。——编者注

社会人中的人才

傅立叶的发明是调用810（也即上文提到的性格的数量）这个数字，来拔高社会中人才的可能性。

和谐社会中的吃饭时间

和谐社会中一天要吃五顿饭：早餐，5点；午餐，8点；正餐，13点；点心，18点；晚餐，21点。10点和16点还另有便餐。这不禁让人联想到老式疗养院的日程安排。

对于新秩序将会带来的巨大胃口来说，多餐是必要的。

在这种幸福的规范饮食下，和谐社会中的人只在23点至凌晨3点半之间睡觉。

文学的新方案

从任何现实主义或传统的角度来看,这三位作者所描述的世界都是完全不可能的。但巴特似乎很喜欢这种写作的形式,他拒斥那种西方文化所认可的理智的、有趣的、有价值的传统文学的内容,他提倡的是一种新的、相当陌生的、刺激性强的文学观。

巴特所想象的，那种甚或是乌托邦式的方案，与萨德、傅立叶、罗耀拉书中所创造的世界联系紧密。他提出了一种乍看上去十分惊奇的文学观，这是因为它挑战了西方文学的"经典"看法。

巴特,刺猬

我在这本书截至目前的篇幅中,塑造了一个刺猬般的巴特,他执着于一个主要思想:文学是一个符号系统,对文学的理解不是依赖于文学作品的内容,而是依赖于文学作品所使用的符号在读者心中产生的**反应**。

我之所以塑造了一个这样的巴特,有以下两点原因:

反击一些英语界批评家对巴特的一贯批评——指责巴特从一个主题跨越到另一个,无法展现出一个连续性的经验。

阐明一个我认为贯穿于巴特全部作品的,给予了其作品某种确定的统一性的中心思想。

局外人还是局内人？

尽管巴特至死都保持着一个法国社会局外人的形象,但他的确登上了法国学界顶峰的位置。1976 年,巴特入选法兰西学院。正如英国批评家约翰·威特曼所说,"凡间没有比这更高级的开光仪式了"。

索邦大学的确没有为巴特提供一个教职。但即便索邦大学要给巴特这样一个没读过博士的、写书不附参考文献的人教职,他可能也不会接受。

而 1529 年由法国国王弗朗索瓦一世所创建的法兰西学院,则致力于建设一个不同于索邦大学过时的、神学主导的教育方式的人文主义院校。法兰西学院一直在法国思想界保持着极高的声望。

历史学家**儒勒·米什莱**（1798—1874），便是巴特所说的伟大前辈之一。1954年，巴特发表了一本关于米什莱的书。在1977年的就职演讲上，巴特宣称，在他学术生涯的开端，是米什莱让他发现：

一旦学术研究接受了这种介入，在人的研究中、在写作的力量中，历史都具有绝对的地位。

哲学家**莫里斯·梅洛-庞蒂**（1908—1961）、思想史学家**米歇尔·福柯**也都入选了法兰西学院。

语言与文学

而巴特的就职演讲也给了他一个机会,让他将注意力重新转回贯穿他全部作品的中心思想——语言的本质——上,并继续输出一些有关于此的,曾经以至现在都极具先锋性的,甚或是正确的观点。正如巴特宣称:"语言——语言系统的表演——既不是反动的也不是进步的;它简直就是法西斯主义;因为法西斯主义不是**阻止**说话,而是**强迫**说话。"

即便我发觉我所说过的一切都是错的,我决定要重写这本书,也一样无济于事。我所书写的内容创建了一个无法**变更**的系统,这个系统只能被**质疑**。

对语言的不断质疑是文学的主要特征。这是文学的优良品质,也是文学作品从不存在确定解释的原因。

文本一直是开放的,一直受读者脑中的重写所影响。文学是人的自由的证据与断言。

巴特访问日本

乔纳森·卡勒是巴特最具影响力的英语世界的追随者之一。在《结构主义诗学》(*Structuralist Poetics*, 1982)中,他引用了一句**弗里德里希·尼采**(1844—1900)的话:"我害怕我们永远逃脱不了上帝,因为我们仍然相信语法。"在《符号帝国》(1970)中,巴特对待语言的态度也正是如此。20世纪60年代,巴特在访问日本后,写下了这本研究日本的《符号帝国》。

我认为,比起西欧,尤其是法国,日本具有极大的优势。它在维护旧有的封建价值——礼节与礼服——的基础上,成功地融入了高水平的资本主义经济。

在他眼里，即便是那些无规划发展的、未见于地图的日本小城，也极具特色。比如说，东京似乎就没有规整地环绕着一个代表着确切真理的坚实中心，而是围绕着一个仅由任意的符号所标明的**空无**。

日本的天皇则是另一个空无的符号……

"我要谈的城市［东京］，呈现出这样一个重要的悖论：它确实有一个中心，但这个中心是空的。整个城市都围绕着一个戒备森严却又极为普通的地点，在枝繁叶茂的遮蔽下，在护城河的环绕中，栖居着一个无人见过的天皇，确切地说，根本没有人知道他是谁。"此处巴特所指的日本天皇名为**裕仁**（1901—1989），"二战"后他受盟军所迫，发布诏书，否定了天皇的神圣地位。

日本诗歌、食物与性

巴特喜欢传统的日本文学——俳句。在俳句中，形式就是一切，而内容则无足轻重。

寒鸦栖孤枝，深秋日暮时。

——松尾芭蕉（1644—1694）

于巴特死后才出版的文集《显义与晦义》（1982）中收录了一篇文章，文章指出，俳句的优点之一就是它让语言摆脱了"经验主义的阻碍，使其免于沦为交流的系统"。

而巴特也早在《神话修辞术》里的文章中就表露出了对法式烹饪的厌恶，他尤为讨厌那种女性杂志上推荐的烹饪方式，即用浓厚黏稠的酱汁腌制食物。恰恰是他对法式烹饪的反感，促使他特别喜爱日式的食品。巴特具有强烈的享乐主义倾向。1972年，他为法国美食家**安泰尔姆·布里亚-萨瓦兰**（1755—1826）的新版《味觉生理学》（*Physiologie du Goût*，1825）撰写了一篇极富激情的序言。到了晚年，巴特对自己的同性恋倾向也越发开放。

日本文化另一个吸引人的特色，就是它对这种特殊的性行为持绝对开放的态度。不像主要宗教中的犹太基督教，对此严厉谴责。

不及物的写作

但总的来说,最让巴特欣喜的还是他在日本发现了一种与盛行于欧洲的符号系统完全不同的系统。巴特认为,我们无法将日本的(语言)文字视为一种对"存在的形而上学"的表现。

没有人会为这种传统的西方观念而感到高兴,即语言是上帝赋予我们的一种获取了神圣许可的交流经验的方式。

在日本,我被拍得就**像**一个日本人!

当某些批评家声称《符号帝国》揭露了巴特掩藏最深的雄心——"在不理解日语的情况下,用日语写作",这其实是用开玩笑的方式袒露了某种真相。正如巴特自己所说,他不仅始终追求"破坏'符号是自然的'观念",他还坚持要为了符号自身而使用符号。他一直强调:写作,是**一个不及物的动词**。

童年快照

巴特认为，人类区别于其他动物的一个特性，就是人类拥有童年。巴特后期作品所收录的笔记中透露了许多细节，证实了这个观点在巴特本人身上是真实存在的。

巴特的童年，过的是一种"精致穷"的生活。他的母亲昂莉叶特·巴特是个寡妇，为了自己和儿子的生计，她必须外出工作。这意味着巴特必须忍受与母亲的分离，他以一种真挚而诚恳的笔触，描绘了自己的悲伤。

论摄影

昂莉叶特 1980 年的去世让巴特几近抑郁,这甚至成了巴特死亡的序曲。但也正是对昂莉叶特的怀念,成了巴特生前出版的最后一本书的灵感源泉,由此,他创作了探讨摄影的《明室:摄影札记》(1980)。

巴特无意间发现的那张他母亲年轻时的照片,具有他所说的**"刺点"**(punctum)的作用。这是一张刺痛他内心的图像,早在 1961 年的文章《摄影的信息》中,巴特便发现了刺点发挥作用的原因。

这张抓拍的照片给巴特带来了一种家的感觉，它让巴特想到了那个他最爱的人曾实实在在地存在于他的生命之中。这是一种罕见的艺术形式，它仅仅展现了**曾经的存在**。

它满足于**指称**，不引入任何内涵（含蓄意指）。而内涵（含蓄意指），不过是将尽可能多的，无论是文字的还是视觉的表征，都置入意识形态的语境当中。

渴望与爱

在论摄影的文章中,巴特透露出了一种对完全纯粹的艺术形式的渴望。这种艺术形式仅仅展现存在。巴特想要摆脱冗杂信息的压抑,因为这些超负荷的信息已经破坏了我们对世界的表征。

我们不大可能再单纯地去看待任何事物了,但我从我母亲的照片中短暂地复得了这种天真。

在极具个人性的书《恋人絮语》(1977)中，巴特（可能是在无意之间）展现出了这种对母亲的思念对他私生活的影响之深。

爱总是渴望得到爱的回报，那个你爱的人也爱你，这让你感到你在他的眼中是有价值的。

动词"强夺"(ravish)，本来是用于描述罗马人抢夺萨宾女性，让她们成为自己的新娘一事。巴特赋予了该词一个完全不同的意义，使它具有了在情感上更为深刻的内涵。当我说，遇见那个人让我被"夺了魂"(be ravished)时，这意味着当我看到那个我爱的人时，我甚至都无法控制自己了。

反主流意识形态

巴特认为,那些试图主宰我们生活的意识形态,它们就像贬损金钱的价值一样,也贬低了性本身的价值以及其带给我们的爱与愉悦的价值。

主导 20 世纪的三大意识形态,最大的缺点就是它们都宣称金钱是一种祸害。

马克思主义认为金钱是产生压迫与阶级特权的源泉,是把人类从其创造物中异化出来的一种途径。

基督教认为金钱是万恶之源,并鼓吹贫穷的价值。

而弗洛伊德学说则将金钱与排泄物联系在一起……

巴特认为,这三大意识形态都错了。金钱不仅能带来自由,而且还能导向快乐。

金钱的重要性

寻乐的过程中,金钱至关重要。巴特的写作敏感地认识到了金钱的重要性。比如,嫖娼的优点之一是:

在《罗兰·巴特论罗兰·巴特》中，他谈及"同性恋的女神"，并以生动的论述为"性变态"的行为辩解。

但巴特坚称，最极致的愉悦感要在文学中寻找——尽管找到的并不是传统西方社会所认为的那种愉悦。

解释的传统

巴特的重要观点之一,即他认为,西方文学在古希腊的**索福克勒斯**(公元前 496—前 406)将俄狄浦斯神话戏剧化时便选错了路,因为它选用的是讲故事的方法。

因为西方传统的文学大体上都是**解释性的**,相应地,西方社会也认为语言在本质上是**工具性的**:语言是工具,把经验转化为合理、可理解的语句。但巴特坚称,这不过是看待语言或者文学的方式之一。无论是我们的思维方式,还是语言的工具论,都**与文化息息相关**。语言的工具论只是一个相对的概念,而不是绝对的。由于巴特的整个作品都旨在对其进行质疑,因此就不能用这个他所摒弃的传统来批评他。

感官生产

解读巴特的唯一方式,就潜藏在巴特《文之悦》(1973)中所表露的享乐主义语言文学观中。在后期坚决信奉享乐主义的巴特看来,重要的就是那些可能被**感官所生成**的意义。要想明白巴特的意思,最好的方法就是仔细琢磨一下巴特论法国歌唱家热拉尔·苏泽时所说的**"他声音的肌理"**的蕴含所在。

在《文之悦》中，巴特从电影艺术的角度进一步阐释了这个观点，这一章的论述可以说展现了成熟期巴特的最高水平。而巴特所坚称的——语言不是一种**交际**，而是一种**身体的愉悦**，竟成了其中最打动人心的语句。

Il suffit en effet que le cinéma prenne de trèsprès le son de la parole (c'est en somme la définition généralisée du "grain" de l'écriture) et fasse entendre dans leur matérialité, dans leur sensualité, le souffle, la rocaille, la pulpe deslèvres, tout une présence du museau humain (que la voix, que l'écriture soient fraîches, souples, lubrifiées, finement granuleuses et vibrantes comme le museau d'un animal), pour qu'il réussisse à déporter le signifié très loin et à jeter, pour ainsi dire, le corps anonyme de l'acteur dans mon oreille: ça granule, ça grésille, ça caresse, ça rape, ça coupe: ça jouit.

实际上，电影只需紧密地捕捉说话的声音（其实也就是广义上的写作的"肌理"），让我们在它的物质性、感官性中听到呼吸、喉音、嘴唇的肉感，感受到人类口鼻的存在（让声音与写作变得鲜活、柔软、顺滑，具有细密的颗粒感，让它鲜活得就像动物的口鼻一样）。这便能成功地让那些所指离我们越来越远。也可以说，这能把演员匿名的身体掷入我的耳中：它颗粒化，它爆裂，它抚摸我，它磨碎，它切割：这就是极乐。

巴特之死

在索邦大学正对面的学院路上被一辆洗衣车撞倒后,巴特于 1980 年 3 月 26 日逝世。

他才刚刚和哲学家米歇尔·福柯、反对党社会主义者弗朗索瓦·密特朗(时年 5 月当选总统)一同吃过午餐。

这场车祸实际上发生于 2 月 25 日。巴特年迈的母亲昂莉叶特的死，让巴特陷入了一种极其抑郁的状态之中。因此许多媒体报道声称，巴特或多或少是因为这种抑郁的状态而自己选择了死亡。

那些不太喜欢巴特的人以一种轻蔑的口吻嘲笑他——一个专门研究符号的人竟反常地没有注意到周遭的交通状况。但事故报告显示，洗衣车的司机是醉酒状态，而这在午餐时间后的巴黎也并不稀奇。

拓展阅读

下述为目前可获取的英文版罗兰·巴特的作品,以其法文版出版时间顺序排列。除特别标明外,其余作品在法国的出版地均为巴黎,出版社均为瑟伊(Éditions du Seuil)。

Writing Degree Zero(《写作的零度》)(*Le Degré Zéro de l'écriture*, 1953), translated by Annette Lavers and Colin Smith (Jonathan Cape, London, and Hill & Wang, New York, 1967). 1984 年再版,Susan Sontag 为美版作了长序。

Michelet(《米什莱》)(*Michelet par lui-même*, 1954), translated by Richard Howard (University of California Press, 1988).

Mythologies(《神话修辞术》)(*Mythologies*, 1957), translated by Annette Lavers (Jonathan Cape, London, and Hill & Wang, New York, 1967). 于 1990 年再版。

Critical Essays(《批评论文集》)(*Essais critiques*, 1964), translated by Richard Howard (Northwestern University Press, Chicago, 1972).

On Racine(《论拉辛》)(*Sur Racine*, 1965), translated by Richard Howard (Hill & Wang, New York, 1965, and Basil Blackwell, Oxford, 1992).

Elements of Semiology(《符号学原理》)(*Eléments de Sémiologie*, 1965), translated by Annette Lavers and Colin Smith (Jonathan Cape, London, 1967, and Hill & Wang, New York, 1975).

Criticism and Truth(《批评与真实》)(*Critique et Vérité*, 1966), translated by Catherine Keunemann (Athlone Press, London, and University of Minnesota Press, 1987).

Fashion System(《流行体系》)(*Système de la mode*, 1967), translated by Matthew Ward and Richard Howard (Hill & Wang, New York, 1983).

S/Z(《S/Z》)(*S/Z*, 1970), translated by Richard Miller (Jonathan Cape, London, and Hill & Wang, New York, 1975).

Empire of Signs(《符号帝国》)(*L'Empire des Signes*, Skira, Geneva,

1970), translated by Matthew Ward (Jonathan Cape, London, and Hill & Wang, New York, 1983).

Sade, Fourier, Loyola (《萨德，傅立叶，罗耀拉》) (*Sade, Fourier, Loyola*, 1971) translated by Richard Miller (Hill & Wang, New York, 1976).

Pleasures of the Text (《文之悦》) (*Le Plaisir du Texte*, 1973), translated by Richard Miller (Hill & Wang, New York, 1975, and Jonathan Cape, London, 1976).

Roland Barthes (《罗兰巴特论罗兰巴特》) (*Roland Barthes par Roland Barthes*, 1975), translated by Richard Howard (Hill & Wang, New York, 1977).

A Lover's Discourse: Fragments (《恋人絮语》) (*Fragments d'un discoursamoureux*, 1977), translated by Richard Howard (Jonathan Cape, London, and Hill & Wang, New York, 1978).

Camera Lucida. Reflections on Photography (《明室：摄影札记》) (*La Chambre Claire. Note sur la photographie*, 1980), translated by Richard Howard (Jonathan Cape, London, and Hill & Wang, New York, 1981).

The Rustle of Language (《语言的轻声细语》) (*Le Bruissement de la langue*, 1984), translated by Richard Howard (Jonathan Cape, London, and Hill & Wang, New York, 1988).

The Responsibility of Forms. New Critical Essays on Music, Art and Representation(《形式的责任：音乐、艺术和表征批评论文集》)(*L'Obvie et L'Obtus. Essais Critiques III*, 1982), translated by Richard Howard (Jonathan Cape, London, and Hill & Wang, New York, 1984).

The Grain of the Voice: Interviews, 1962 - 1980 (《声音的肌理：1962—1980访谈录》) (*Le Grain de la voix: entretiens 1962 - 1980*), translated by Linda Coverdale (Hill & Wang, New York, 1984).

告研习巴特的学生书

(在第78页后)我未曾提及巴特与皮卡尔论战的另一重要结果,这是因为我认为不能在皮卡尔与其他传统批评家所鼓吹的"明晰的语言"中有意义地谈论巴特。但很糟糕的是,我前面为了说明英国文学传统中早有巴特某些观点的先兆,提到了诸如论《麦克白》的经验主义批评家 L.C. 奈茨、诗人 T.S. 艾略特,甚至是浪漫主义作家 S.T. 柯尔律治。

我本可以也提及批评界其他同僚的论断。比如,巴特指出了一位作者以为他在做的事情,与他的作品被**读解**的不同意义之间的重要区分,这在批评界曾引起重大讨论。美国批评家 W.K. 维姆萨特与门罗·比尔兹利曾撰文《意图谬误》["The Intentional Fallacy",载《语象》(*The Verbal Ikon*, 1954)],强调不存在作者的意图被当作其作品意义确凿根据的理由。

我也本可以说明,巴特与剑桥批评家 **F.R. 利维斯**(1895—1976)或散文家**乔治·奥威尔**在道德主义的新教传统上是一脉相承的。诚然,我们很容易注意到巴特与奥威尔之间的联系,巴特《神话修辞术》中所讨论的"流行话题"很像奥威尔的批评文章[《在鲸腹中》(1940)与《猎象记》(1950)]。奥威尔在诸如《男生周报》("Boys' Weeklies")或《英式谋杀的没落》("The Decline of the English Murder")等文章中所关注的,是大众文化影响当代社会价值系统的方式。他的优秀门徒**理查德·霍加特**(1918—2014)所作的《识字的用途》(1960)则沿袭了奥威尔的方法,将其更为系统地应用于阐释战后时期的杂志与大众报刊上,这本书的地位就相当于英国版的《神话修辞术》。

对认同巴特的人来说,用奥威尔或伯特兰·罗素的方法去讨论巴特,那将是对巴特作品的极大背叛。这就好像是用牛顿物理学来解释爱因斯坦,用《旧约圣经》去解释达尔文一样。

所以,我已经警告你们了。

如果你要接受巴特的支持者的评判的话,无论是在考试还是论文中,都**不要**用我的方式来讨论巴特。

你们可以借鉴以下方法:

比如 Stephen Heath, *Reading Barthes*(《巴特导读》)(Macmillan, London,

1977);

Annette Lavers, *Roland Barthes: Structuralism and After*(《罗兰·巴特：结构主义及其后》) (Harvard University Press, Cambridge, MA, 1982);

Steve Ungar, *Roland Barthes: The Professor of Desire* (《罗兰·巴特：研究欲望的教授》) (University of Nebraska Press, Lincoln, NE and London, 1983);

Mary Bittner Wiseman, *The Ecstasies of Roland Barthes*(《罗兰·巴特的迷狂》) (Routledge, London and New York, 1989)。

不要像我一样，把巴特简化为诸多简单的、直接易懂的中产阶级英国经验主义概念。

尤其是，不要把巴特思考、写作的风格转化为那种镇压了1968年学生运动的社会所钟爱的日常语言。

相反，你们要特别关注这些我并未展开讨论的作品：

Michelet par lui-même (《米什莱》) (1954), translated by Richard Howard as *Michelet* (University of California Press, 1988);

Essais Critiques (《批评论文集》) (1964), translated by Richard Howard as *Critical Essays* (Northwestern University Press, Chicago, 1972);

Nouveaux Essais Critiques (《新批评论文集》) (1972), translated by Richard Howard as *New Critical Essays*(Hill & Wang, New York, 1980);

L'Empire des Signes (《符号帝国》) (1970), an essay on Japan, translated by Richard Howard as *Empire of Signs* (Jonathan Cape, London, and Hill & Wang, New York, 1982);

La Chambre Claire. Note sur la photographie (《明室：摄影札记》) (1980), translated by Richard Howard as *Camera Lucida. Reflections on Photography* (Jonathan Cape, London, and Hill & Wang, New York, 1982);

最重要的是，*Image-Music-Text* (1977) 中 Stephen Heath 翻译的 **"Introduction à l'analyse structurale des récits"** (1966)。而在 Susan Sontag 详尽而又高质量的著作 *A Barthes Reader* (Jonathan Cape, London, and Hill & Wang, New York, 1982) 中，该篇文章再次被收录。此外，该书附有巴特的许多文本的英译，包括他1977年法兰西学院的就职演讲和他1961年

的论文"The Photographic Message"(《摄影的信息》);

Roland Barthes (《罗兰·巴特》) by Jonathan Culler (Fontana Modern Masters, London and New York, 1983);

Roland Barthes: The Figures of Writing (《罗兰·巴特:写作的符号》) by Andrew Brown (Clarendon Press, Oxford, 1992)。

对于懂法语且更倾向以一种更为中性的方式了解巴特作品的读者来说,*Le Roland Barthes sans peine* by Michel-Antoine Burnier and Patrick Rambaud (Balland, Paris, 1983),将大有裨益。同样,研究拉辛的学者勒内·波米耶(René Pommier)的书也值得一读。波米耶在其职业生涯中耗费了巨大精力,来批判他所认为的20世纪60年代众所周知的**"新批评派"**代表——巴特、吕西安·戈德曼、夏尔·莫隆——的错误。

这些无论是巴特本人还是其崇拜者所写的书,其共同点在于它们都无法被简化为一种日常语言的归纳。

相反,它们所呈现的,是巴特始终坚持的文学应有的样子:一种**自主的创造**,即便推至极致,其与日常生活的关系也是相切的。《萨德,傅立叶,罗耀拉》的文本便绝妙地诠释了这种文学的概念。这些书不像我的这本《罗兰·巴特》,只能像连环画一般,被偷偷地在书桌下阅读,好似讲师真正授课内容的小抄一般。

致谢

我们要感谢图画通识丛书《符号论》的作者保罗·科布利（Paul Cobley）对"阅读原理"相关内容（第48—51页）所做出的贡献。

要感谢艺术家邓肯·希斯（Duncan Heath）与奥利维（Olivie）所提供的图像资料。感谢图标出版社的所有人。我想把这本书献给所有的探索者，尤其是西尔维娜（Silvina）。

索引

art and reality 艺术与真实 28—29
authors, Barthes on 巴特论作者 103—105

Balzac, Honoré 奥诺雷·巴尔扎克 108
Barthes 巴特
  childhood 童年 155
  death 死亡 168—169
  homosexuality 同性恋 153
  influences 影响 99
  in Japan 在日本 150—154
  on literature 论文学 25
  on love 论爱 159
  mother 母亲 156—157
  theme in work of 作品的主题 144
  tuberculosis 肺结核 76
Boileau, Nicolas 尼古拉·布瓦洛 68—69
bourgeoisie 资产阶级 62—63, 65
Brecht, Bertolt 贝托尔特·布莱希特 64, 66—67

castration 阉割 115, 120—123
Chambre Claire, La 《明室：摄影札记》 156
cinema 电影 166—167
clarity, Barthes against 巴特所反对的明晰性 68—71
class 阶级 68
  see also bourgeoisie 也见资产阶级
codes 编码 54
Coleridge, S.T. S.T. 柯尔律治 25—27
combinatory analysis 组合分析 137—139
connotation 内涵（含蓄意） 47
conventions 成规、习俗 22, 35, 54
cultural constructs 文化建构 23

Death of the Author, The 《作者之死》 103, 106

Derrida, Jacques 雅克·德里达 44, 71
desire 渴望 135—136, 138

École Pratique des Hautes Études 法国高等研究实践学院 77
Elements of Semiology 《符号学原理》 32, 34, 39, 47—48
Empire des Signes, L' 《符号帝国》 150, 154

fashion, Barthes on 巴特论时尚 51—52, 55
Foucault, Michel 米歇尔·福柯 71, 147
Fourier, Charles 夏尔·傅立叶 126, 138
free will 自由意志 60—61, 85
Freud, Sigmund 西格蒙德·弗洛伊德 84, 94

God 上帝 134—137
Goldmann, Lucien 吕西安·戈德曼 88—93
Gramsci, Antonio 安东尼·葛兰西 100

harmony 和谐社会 138—141
hegemony 霸权 100

identity, marks of 身份标志 35—36
illusion *see* mimetic illusion; theatre; wrestling 幻象，见于模仿的幻象；剧院；摔跤
Isherwood, Christopher 克里斯托弗·伊舍伍德 109

Jansenism 詹森派 85, 89—90, 94—95
Japan, Barthes in 巴特在日本 150—154

Lacan, Jacques 雅克·拉康 71
language 语言 33—35, 38—39, 144—145

and the author 与作者 103
and literature 与文学 148—149, 165—167
as natural 自然的 4
and signs 与符号 36, 43, 53
structure 结构 33
langue, la 语言 33
Lanson, Gustave 古斯塔夫·朗松 122
Lévi-Strauss, Claude 克洛德·列维-斯特劳斯 71
literary criticism 文学批评 102
literature 文学 142—143, 163—167
 and language 与语言 148—149, 165—167
logothetes 立言者 128
Lover's Discourse, A 《恋人絮语》 159
Loyola, Ignatius 依纳爵·罗耀拉 127, 134—137

Marx, Karl 卡尔·马克思 62, 65
Mauron, Charles 夏尔·莫隆 93, 96
Michelet, Jules 儒勒·米什莱 147
mimetic illusion 模仿的幻象 110—111
money 金钱 160—162
Mythologies 《神话修辞术》 2—5

naturalness 自然状态 2—5, 46, 74—75
 language 语言 4
nature 自然 1, 14
Nietzsche, Friedrich 弗里德里希·尼采 150
numbers, 数字 125, 131—132, 138

Obvie et L'Obtus, L' 《显义与晦义》 152
On Racine 《论拉辛》 83, 87

parole, la 言语 33—34
performance 表演 8, 16
Picard, Raymond 雷蒙德·皮卡尔 78—79, 87, 100—101, 122

Pierre, l'Abbé 阿贝·皮埃尔 58—59
Plaisir du Texte, Le 《文之悦》 166—167
post-structuralist, B. as 作为后结构主义者的巴特 43
pre-existent reality 先在的真实 110
pretence 假象 8—9

reader and text 读者与文本 113, 123
realism 现实主义 72—73
Rivarol, Antoine 安东尼·里瓦罗尔 70
Roland Barthes by Roland Barthes 《罗兰·巴特论罗兰·巴特》 74, 102, 163

Sade, Marquis de 萨德侯爵 124—125, 128—133
Sainte-Beuve, Augustin de 奥古斯丁·圣伯夫 106
"Sarrasine" 《萨拉辛》 111, 114—122
Sartre, Jean-Paul 让-保罗·萨特 60—61
Saussure, Ferdinand de 费迪南·德·索绪尔 10—17, 32
self-image, signs 自我形象，符号 57
semiology 符号学
 elements of 原理 32—33
 everyday 日常的 58—61
sex 性 141, 160—163
signified, the 所指 43
 definition of 的定义 11
 and linguistics 与语言学 43, 48
 and signs 与符号 11
signs 符号 10
 as code 作为编码 18
 in context 在语境中 62
 in fiction 在小说中 107
 final meaning 最终意义 44—45
 in Japan 在日本 154
 and language 与语言 36
 and self-image 与自我形象 57

and the signified 与所指 11, 43
  types 类型 36
society 社会 14, 39, 139
system and speech 系统与言语 49—51
Spiritual Exercises, The 《神操》 134
Stoppard, Tom 汤姆·斯托帕德 47
structure 结构
  of language 语言的 32
  vs. nature 与自然 14
  S/Z, 《S/Z》 75, 102, 107—123

taboos 禁忌 40—42, 55
texts, meaning 文本的意义 44, 113
theatre 戏剧 64, 66—67

Totem and Taboo 《图腾与禁忌》 84—85

unconscious structure 无意识结构 86
unreadability 不可读性 69—70
Utopia 乌托邦 138—143

Walpole, Hugh 休·沃尔波尔 109
Wilde, Oscar 奥斯卡·王尔德 75
words 词语 1, 12
wrestling, example 摔跤的例子 6—9, 13—14, 15—17, 18, 25—27
writing 写作 74—75, 154
Writing Degree Zero 《写作的零度》 68, 72, 75

图画通识丛书

第一辑

伦理学
心理学
逻辑学
美学
资本主义
浪漫主义
启蒙运动
柏拉图
亚里士多德
莎士比亚

第二辑

语言学
经济学
经验主义
意识
时间
笛卡尔
康德
黑格尔
凯恩斯
乔姆斯基

第三辑

科学哲学
文学批评
博弈论
存在主义
卢梭
瓦格纳
尼采
罗素
海德格尔
列维-斯特劳斯

第四辑

人类学
欧陆哲学
现代主义
牛顿
维特根斯坦
本雅明
萨特
福柯
德里达
霍金